AF321291

A LA LOI DE 1864

SUR LES COALITIONS

il manque un Article essentiel

ÉTUDE SUR CETTE QUESTION TOUTE DE SALUT PUBLIC

Qu'on nous permette d'entrer brusquement en matière par une supposition.

Nous avons devant nous un édifice tout récent, il a été construit avec le plus grand soin, même avec un certain apparat; il fallait, en effet, qu'il fût digne de sa destination. Des populations entières devaient s'y abriter, y vivre, y travailler. Cet édifice était d'une importance *sociale;* son existence et l'utilité qui devait en être retirée intéressaient en effet la société elle-même.

L'architecte était un homme d'un rare mérite, au talent, aux conceptions duquel un grand avenir était réservé; son travail avait été vérifié, approuvé, sanctionné par les autorités les plus compétentes: disons mieux, par les grands Corps et par le chef de l'Etat lui-même.

Et cependant, au bout d'une très-courte période, 5 ou 6 ans au plus, on s'est aperçu que cet édifice n'était pas complétement en équilibre. De temps en temps, ceux qui y habitent, qui y gagnent leur vie, y éprouvent des secousses subites, soudaines, qui arrêtent leur travail, exposent leurs mobiliers, leurs ustensiles, et peuvent compromettre même jusqu'à leur existence. Ce défaut d'équilibre agit de la manière la plus inquiétante, non-seulement sur le physique, mais sur le moral de ceux qui y habitent, les excite à des divisions, à des haines entr'eux. Le moindre résultat de ce phénomène, au moins bizarre, est une défiance affreuse du plus grand nombre contre le plus petit. Heureux celui-ci, c'est-à-dire le petit nombre, quand il n'est pas la victime d'odieuses voies de fait et d'horribles violences.

Nous avons voulu, après d'autres, visiter cet édifice et nous rendre compte de la cause des dangers possibles qu'il recelait. Nous sommes descendu dans les caves et nous avons constaté, *à notre stupéfaction*, que dans un endroit essentiel, vital, il lui manquait une colonne, un pilier. C'était l'absence vraiment inexplicable de cette colonne, de ce pilier, qui était la cause de tout ce mal nouveau, se reproduisant à intervalles inégaux, comme une fièvre intermittente qui peut devenir épidémique et mortelle.

Voilà la supposition.

Voici la réalité :

Ce n'est pas dans un conte arabe des Mille et une Nuits, dans un récit drôlatique du bon Hoffmann, qu'existe cet édifice ; il n'est point fantastique, il est très-réel. Cet édifice, puisqu'il faut appeler la chose par son nom comme le faisait le bon Lafontaine, n'est autre que la loi du 25 mai 1864 sur les coalitions, malgré l'existence de laquelle, pareilles à des capsules fulminantes, éclatent les grèves d'ouvriers. Pourquoi donc, sous le régime en vigueur de cette loi, ces effrayantes explosions, dont tous les bons esprits s'alarment si justement? Nous avons inspecté ses fondations, ses œuvres vives, et nous avons constaté, *à notre stupéfaction*, nous répétons à dessein le mot de tout à l'heure, qu'il lui manquait un pilier, une colonne....., et pour cesser de parler avec figures, un article, un seul....., mais un article fondamental, une véritable assise, atteignant au solide.

Notre allégation est grave, et cependant nous la maintenons, parce que nous allons la prouver. Nous ne réclamerons même pas une bien longue tension d'esprit de la part de ceux qui voudront bien nous suivre dans le court développement de notre thèse. Nous espérons apporter la lumière et faire naître la conviction chez tout homme de bonne foi, ami de son pays, sans parti pris, sans opposition systématique.

La loi du 25 mai 1864 repose sur trois colonnes, c'est-à-dire sur trois articles, que nous allons analyser.

Elle punit de peines différentes :

1° Celui qui *par violences, voies de fait, menaces, manœuvres frauduleuses, aura amené ou maintenu, tenté d'amener ou de maintenir une cessation concertée de travail,* dans le but de la hausse ou de la baisse des salaires, et de porter atteinte au libre exercice du travail et de l'industrie (articles 414 et 415 nouveaux du Code pénal);

2° L'ouvrier, le patron ou l'entrepreneur, qui *à l'aide d'amendes, de défense, de proscription, d'interdiction prononcée par suite de plan concerté,* aurait porté atteinte à la liberté de l'industrie et du travail (même article 416 nouveau);

3° Ces dispositions sont applicables dans la campagne, aux propriétaires, fermiers, moissonneurs, domestiques et ouvriers.

Voilà toute la loi. Elle est brève, assurément. Ne l'est-elle pas trop?

Examinons.

La loi permet, tolère *la cessation concertée du travail*, même immédiate et instantanée ; et cette *cessation concertée* et opérée *n'est pas un délit*, toutes les fois que ceux qui l'exécutent ou la provoquent *ne se sont pas placés dans un des cas délictueux* ci-dessus prévus et par nous soulignés. — Nous avons lu, avec la plus grande attention, le rapport présenté le 22 avril 1864, au Corps législatif, par M. Emile Ollivier, aujourd'hui Garde des sceaux de France, Ministre de la justice, honoré en ce moment de la confiance de toute la partie de la population française, et c'est l'immense majorité malgré les irréconciliables et la tourbe qui les mène, majorité qui veut sincèrement l'alliance de l'ordre et des vraies libertés.

Ce volumineux et savant travail ne tient pas moins de 61 colonnes et demie, texte très-serré, dans la collection Duvergier, année 1864. Sauf erreur ou omission de notre part, nous n'avons pas pu découvrir dans ses longs développements une seule ligne, *une seule* qui pût laisser supposer le contraire de cette permission, de cette autorisation tacite, par la loi de 1864, d'une *cessation concertée* et totale de travail, pouvant être exécutée immédiatement, pourvu qu'elle ne soit pas accompagnée de circonstances délictueuses.

Voyons les conséquences logiques de cette tolérance

légale, de cette cessation licite, *quoique concertée*, pouvant se produire subitement, avec la rapidité d'un ressort qui fait partir une arme meurtrière.

1ᵉʳ *Exemple*. Des terrassiers travaillent à une digue que le fleuve vient de rompre en partie. Si la brèche n'est pas promptement réparée, une ville entière va être inondée, de précieuses récoltes prêtes à ameublir seront perdues. Un mauvais conseil passe parmi ces ouvriers qui s'étaient mis à la besogne : ils exigent instantanément une augmentation de salaire, dans des conditions inacceptables, avec des exigences inadmissibles — on leur refuse — tout à coup, *après s'être concertés*, ils jettent leurs pioches et leurs pelles ; ils abandonnent leur poste à la même minute, sans crier gare : *ils n'ont commis aucun délit*. — Tant pis pour la digue que les flots vont emporter ; tant pis pour la ville, les habitants, les récoltes qui vont être submergés ! Les travailleurs, *qui n'ont ni menacé, ni exécuté de violences, ni organisé de manœuvres frauduleuses, ni prononcé d'interdiction*, ont usé de leur liberté ; *ils avaient le droit de se concerter*, de se retirer et de déserter le chantier.

2ᵉ *Exemple*. Dans une usine le feu a éclaté d'une manière terrible, mais il peut être circonscrit, dompté, éteint par une manœuvre hardie et prompte. Les ingénieurs ont organisé des services de chaînes et de pompes ; on travaillera jour et nuit. La paie sera généreuse, avec des efforts le fléau sera vaincu.

Tout à coup une inspiration funeste souffle sur tous les ouvriers, *ils se concertent, dans les limites de la loi, toujours sans voie de fait ni violences, sans proscription, sans interdiction formelle*. Trois d'entr'eux se détachent : ce sont les délégués; ils posent de nouvelles conditions de prix; elles sont *à prendre ou à laisser* ; ils n'acceptent aucune discussion, n'admettent aucun retard. Les ingénieurs ont cru de leur devoir de résister à cette tyrannie venue d'en bas. Aussitôt, à la même minute, dix, vingt brigades cessent leur travail, et le feu dévore sans pitié une proie qu'on lui abandonne sans honte. Les ouvriers se félicitent réciproquement d'avoir *tenu bon* ; ils se retirent sans bruit, sans manifestation; qui chez lui, qui au cabaret voisin...... *Ils sont inattaquables d'après les termes de la loi de* 1864.

3ᵉ *Exemple*. Dans une autre mine, le fléau n'est pas le feu : c'est l'eau, tout aussi terrible. Elle ne dévore pas, mais elle engloutit. Des centaines d'ouvriers sont embauchés à la hâte; il faut épuiser sans délai le liquide envahisseur ; autrement la fortune de nombreuses familles, de tout un canton, va être noyée pour un siècle, pour toujours. Mais le même mauvais génie, que nous avons signalé dans l'exemple précédent, fait encore ici son entrée en scène: il inspire les mêmes prétentions, il arrête les pompes et les bras qui les font mouvoir, etc. etc. Le mal est affreux, *mais il n'y a point de coupable*. Il n'y a eu qu'un *concert licite*, encouragé par l'imperfection de la loi.

4ᵐᵉ *Exemple*. Une épidémie sévit dans une contrée populeuse. L'hôpital regorge de malades, de moribonds, de mourants. A un coup de cloche, par suite d'une conspiration silencieuse ourdie dans les corridors du cloître, mais sans violences, sans menaces, sans fraude et sans bruit, tous les Frères et toutes les Sœurs, indignes de ce nom, abandonnent lâchement ceux qui ont été confiés à leur charité. Ils réclamaient une augmentation d'appointements, des modifications dans la nourriture, l'habillement, etc ; on a trouvé leur demande au moins inopportune et inconvenante dans un aussi fatal moment : on l'a ajournée. Aussitôt, ils s'éloignent par bandes, des salles, des pharmacies, des lavoirs, des cuisines, etc., etc ; ils vont prendre deux ou trois jours de grand air : les administrateurs réfléchiront dans l'intervalle. Ces déserteurs effrontés ont l'audace de revenir ; mais les administrateurs, les médecins, qui ont revêtu à leur place le tablier de l'hospice, porté les brancards et les civières, préparé et administré les médicaments, lessivé le linge, alimenté les fourneaux, etc., etc., les repoussent avec indignation et les chassent. — Voilà le seul châtiment que subiront ces misérables : car *leurs cessation de travail, concertée et instantanée, n'était pas défendue ;* la loi de 1864 *tolère leur conduite, et la loi correctionnelle ne les atteint pas.* M. le Procureur impérial n'a aucune action sur eux.

Nous pourrions multiplier les exemples : les uns feraient hausser les épaules de dégoût et de mépris, les autres amèneraient le frisson au cœur et aux reins des hommes les mieux trempés.

Commence-t-on maintenant à comprendre qu'il manque un pilier, une colonne, c'est-à-dire un article à l'édifice de la loi du 25 mai 1864 ?

Est-ce qu'il n'y a pas une multitude de cas où la cessation du travail *opérée instantanément,* de *quelque manière qu'elle ait été concertée,* dans le silence ou dans le bruit, dans la menace ou la dissimulation (et la dissimulation est souvent pire que la menace), constitue la plus grave atteinte à la sûreté, à la fortune publiques, le plus abominable forfait qui puisse se commettre contre les personnes et contre les choses ? N'est-ce pas *un délit* des plus graves, aux yeux de la morale et de l'économie politique, et par conséquent à ceux de tout être raisonnable et de tout législateur sage qu'une *cessation* INSTANTANÉE *de travail dans toute une usine, dans tout un atelier*, dans tout un édifice, etc., etc.; concertée au fond de je ne sais quelle taverne, inspirée souvent par une concurrence étrangère, éclatant plus terriblement que la foudre (celle-ci s'annonce au moins par quelques grosses gouttes, de l'orage, des éclairs), produisant en quelques secondes, par le brusque arrêt de certains travaux, des maux toujours pécuniairement graves, souvent irréparables ?

Et cette coalition, machiavéliquement concertée, qui laissera les fléaux les plus terribles de la nature, l'eau, le feu, les épidémies se déchaîner et ruiner à leur aise, aura lieu devant des milliers de bras demeurant croisés et immobiles, quelquefois par calcul et par espoir d'une hausse de salaires rarement légitime, le plus souvent excessive ; quelquefois, hélas! par haine et par amour du désordre et du renversement..... et la loi sera impuissante !

Quoi! les Tribunaux condamnent à la prison celui qui, par un banal larcin, et pour la porter peut-être chez le boulanger, si la faim le presse, soutire de ma poche une pièce de cinquante centimes; et vous admettriez comme parfaite, comme complète, une *législation spéciale aux coalitions, qui tolère une cessation instantanée, foudroyante, de travail dans toute une manufacture,* dans toute une ville, concertée de la manière la plus cruelle, mais sans délit, mais légale? Et cette cessation enlèvera en quelques instants, sans aucune pénalité pour ses auteurs, non pas cinquante centimes ou mon foulard usé, mais tout mon patrimoine, celui de mes enfants, de mes petits-enfants, celui de mes amis qui m'ont prêté; enfin ce que j'ai gagné légitimement par un travail de 30 ou de 40 ans, ce qui est bien ma propriété à moi, et ce qu'il n'appartenait à personne de détruire?

Nous n'allons pas plus loin et nous sommes convaincu que tous nos lecteurs, même les plus sincèrement démophiles, même les plus amis de l'ouvrier en général, comprennent maintenant qu'il manque en effet à la loi de 1864, une disposition essentielle, de vulgaire bon sens, et en même temps DE SALUT PUBLIC.

Pour trouver, pour justifier cette disposition, il suffit d'une simple distinction.

Oui, ouvriers, vous pouvez avoir le droit de *vous concerter* pour faire fixer vos salaires et pour cesser le travail, comme vos patrons peuvent avoir le droit de se concerter entr'eux, si cela leur convient, pour établir les bases du paiement de votre travail ou pour se passer de vos services....; mais ce droit de retraite de l'ouvrier, de renvoi de la part du patron, ne peut être exercé que sous une condition réciproque : c'est que les uns comme les autres avertiront de leur intention, et qu'ils ne pourront l'exécuter qu'après un certain délai, pour ne rien laisser péricliter, pour ne pas opérer le mal pour le mal, et pour donner aux patrons le temps de remplacer les ouvriers, et aux ouvriers le temps de s'engager chez de nouveaux patrons.

Une femme de service quitte le ménage de ses maîtres; n'est-elle pas obligée de *leur donner la huitaine*, suivant l'expression consacrée, c'est-à-dire, de les prévenir de sa sortie huit jours à l'avance? Le garçon de ferme comme le propriétaire ne peuvent se remercier l'un l'autre, qu'en se prévenant plusieurs mois à l'avance, et seulement pour des époques déterminées de l'année, la Saint-Michel, la Saint-Martin, etc.

La nécessité de l'avertissement et celle du délai après l'avertissement existent donc partout, dans toutes les positions de la vie; elles sont imposées par la nanature même des choses, elles sont, en un mot, *de l'essence de toute société organisée*, qui ne veut pas revenir à l'état sauvage.

Et quelqu'un pourrait prétendre qu'une usine, une manufacture, une cité ouvrière, où fonctionnent 50, 100, 500, 1,000, 2,000, 10,000 ouvriers, plus ou moins, peut être désertée, abandonnée par tous ces hommes, à l'heure, à la minute, à la seconde, à un coup de sifflet, comme s'il ne s'agissait que de la disparition d'un décor de théâtre?..... mais ce serait une monstruosité, et la loi, à moins d'être elle-même monstrueuse, ne doit en tolérer aucune.

A la lumière saisissante de cette distinction, la disposition législative, qui devrait être ajoutée, sans re-

tard et d'urgence, à la loi du 25 mai 1864, ot qui pourrait former l'art. 416 bis du Code pénal, nous paraîtrait
devoir contenir, en substance, à peu près les dispositions suivantes, ou toutes autres analogues ;..... car
nous n'avons nullement la prétention d'essayer une
rédaction, qui n'est aucunement de notre compétence :

« Dans toute, usine atelier, etc., le patron ne pourrait renvoyer son
ouvrier, l'ouvrier ne pourrait abandonner le travail de son patron,
*même en cas de cessation concertée entre les patrons, ou entre les
ouvriers*, qu'après un avertissement écrit de cette intention, et qu'a-
près les délais stipulés dans une convention écrite, s'il en existait
une;

« Et s'il n'y avait pas de convention écrite, qu'après l'expiration
des délais fixés par le juge. Le juge pourrait être le président du
Tribunal de commerce, pour les usines situées dans les cantons de
la ville où siège le Tribunal, et les juges de paix, pour les usines
situées dans les autres cantons. Le président du Tribunal de commerce ou le juge de paix prononcerait d'urgence, toutes autres
affaires cessantes; leur décision serait provisoirement exécutoire.

« Le renvoi de l'ouvrier par le patron, ou la cessation de travail
par l'ouvrier avant la fixation et l'expiration des délais qui auraient
été fixés comme il est dit ci-dessus, constitueraient, à l'avenir, *un
délit*, qui serait puni de. . . . . »

Ceci, c'est-à-dire la pénalité à fixer, est encore l'af-
faire du législateur.

Pour compléter la loi de 1864, sauf meilleur avis,
nous ne demanderions pas davantage , mais nous demanderions tout cela, ou des équivalents.

Nous avons soumis, avant de la publier, cette étude
à des juristes , à des publicistes. Tous ont bien voulu
nous encourager ; une seule objection nous a été pré-
sentée, mais comme elle n'était pas solide, on a pris

le soin de faire suivre la réponse, pour nous éviter la peine de la chercher nous-même,—on nous a dit : « *la loi punit la cessation concertée avec manœuvres* ; les Tribunaux constateront les manœuvres qui ont fait cesser subitement le travail, les manœuvres existent toujours plus ou moins. Il y a donc là un délit que les Tribunaux peuvent punir.

Voici la réponse ou plutôt les réponses , car elles abondent. — La loi ajoute au mot *manœuvres* celui de *frauduleuses ;* il ne suffira donc pas de simples manœuvres. Quand y aura-t-il des manœnvres frauduleuses ? Ah ! le mot et l'épithète sont bien élastiques et bien peu définis. Il est vraisemblable que les manœuvres qui s'appuieront sur l'entêtement, l'irascibitité, l'envie, l'orgueil, la paresse, le désir de gagner sans se fatiguer, etc., ne seront pas frauduleuses ; le seront-elles davantage, quand elles s'appuieront sur le mensonge , la médisance et même sur la calomnie ? C'est bien incertain. La fraude en matière criminelle est-elle la même qu'en matière civile, où elle est déjà si difficile à découvrir, et où elle emprunte hypocritement tant de masques, en apparence honnêtes ? Ne sait-on pas que dans le doute, en matière pénale, le juge doit s'abstenir et acquitter ? etc., etc.

Les mots *manœuvres frauduleuses* sont donc manifestement insuffisants et ne comblent nullement la lacune funeste que vous avez raison de signaler.

Ce n'est pas tout. La loi existe depuis bientôt six ans. Comment a-t-elle été exécutée ? A-t-on appliqué l'expression de *manœuvres frauduleuses* aux grèves de Firminy, du Creuzot, à celle des ouvriers du chemin de fer

de Mende, etc., etc.? Jamais, sauf erreur ou omission !
On a constaté quelquefois et puni des menaces, des
violences, des voies de fait...., mais non pas des manœuvres frauduleuses, parce que celles-ci, la plupart
du temps, n'ont pas de corps; comme les fluides, elles
se dérobent, elles échappent toujours. — Comment
donc se fier à une expression un peu vague, perdue
dans une loi déjà vieille de six ans, expression qui n'a
encore servi absolument de rien pour empêcher, sur
un point quelconque du pays, la plus petite partie de
tout le mal qui a déjà été fait, sans parler de celui qui
continuera à se faire encore, et indéfiniment, tant que
la loi ne sera pas complétée.

Ces réponses, qui ne sont pas de notre fond et qui
n'en ont que plus d'autorité, sont péremptoires. On a eu
raison de relever l'objection, mais on sait maintenant
ce qu'elle vaut.

Les dispositions qu'il nous paraît nécessaire d'ajouter
à la loi, ou toutes autres semblables, sont, qu'on ne cesse
pas de le remarquer, tout aussi bien à l'avantage des
ouvriers que du patron, de la main d'œuvre que du ca-
pital; — plus de brusque renvoi prononcé contre l'ouvrier, sauf les cas, bien entendu, d'insubordination,
car charbonnier doit rester maître chez lui, ou d'infi-
délité, car il ne doit pas se laisser voler. — Point
de retraite subite de l'ouvrier, sauf le cas où il aurait
été injurié, méprisé, malmené par un patron gros-
sier; car le subordonné ne doit jamais être avili : il a
sa dignité et on doit la respecter. — Obligation réciproque, mutuelle, de continuer provisoirement l'un

avec l'autre comme par le passé, jusqu'à l'expiration d'un délai convenu d'avance, sinon ordonné par le juge.

A qui nuirait une semblable disposition ?

Aux bons patrons, aux ouvriers d'élite ? nullement. Eux et leurs familles la désireraient comme nous-même, pour leur paix, leur tranquillité, leur gagne-pain,..... et beaucoup d'entr'eux, pour leurs épargnes.

Aux mauvaises têtes, aux fauteurs de troubles, aux amateurs d'échauffourées et de journées qu'une telle pénalité dérangerait dans leurs combinaisons ?..... quand cela serait, tant mieux ! C'est précisément le but que la loi doit atteindre.

Aux sourdes manœuvres des sociétés secrètes, ou de la concurrence déloyale de certaines maisons d'Angleterre ou d'ailleurs ? Oh ! pour celles-là, que la loi de 1864 complétée soit prévoyante et infatigable à déjouer leurs menées souterraines, à les réprimer et à les punir !

La loi de 1864, aujourd'hui encore imparfaite, sera désormais bien assise sur ses fondements anciens comme sur le pilier nouveau. A l'avenir, nous pourrons faire reposer sur elle, avec confiance, comme sur un roc solide, notre industrie, nos capitaux, nos spécu-lations. Appuyés sur elle, vivant avec elle, travaillant avec elle, nous pourrons nous livrer à des œuvres étendues, à des entreprises de longue haleine ; aussi bien pour la consommation de la France et de ses colonies, que pour une large exportation rayonnant partout, à tous les points de l'horizon, à toutes les lati-tudes.... sans avoir à redouter ces terribles suspensions à heure fixe , qui arrêtent, désorganisent, paralysent les industries et leur infligent souvent la mort.

Egalement protectrice de l'ouvrier et du patron, cette loi, ainsi amendée, ne tarderait pas à produire ces bienfaisants et patriotiques résultats. Si cette grande opinion libérale qui se réveille enfin en France, et qui a besoin aussi bien de sécurité que de liberté; si le Corps législatif, si un ministère vraiment national accueillaient avec faveur la thèse que nous venons de soutenir, la loi de 1864 serait augmentée en 1870 d'un article complémentaire. — 1870 commencerait alors une nouvelle ère de confiance et d'affaires que tout bon ouvrier serait le premier à bénir....; car tout bon ouvrier est bon citoyen.

Lyon, 1er mars 1870.

A. Hodieu ,

Avocat à la Cour de Lyon, ancien membre du
dernier Conseil municipal élu (1848-1851).

N. B. — Cette étude est vendue au profit de la Providence Denuzières des jeunes Orphelins de Lyon.

Lyon, impr. de P. Mougin-Rusand. — 1870.